Peter Taibon

Pasta für 2

Nudelgerichte fü

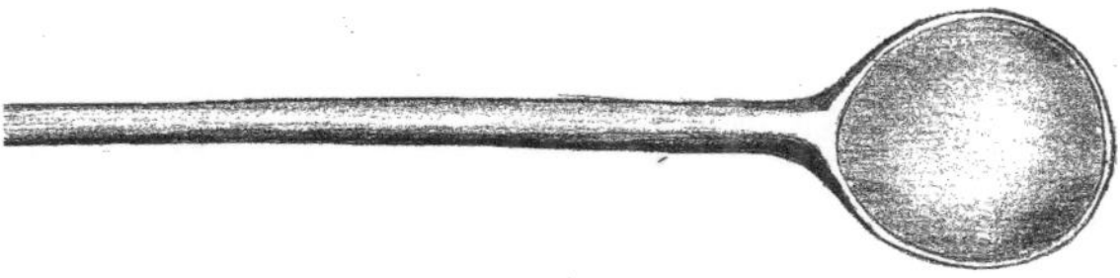

Pasta für 2

Nudelgerichte für 2 Personen

zusammengestellt
und ausprobiert von

Peter Taibon

Vierte Auflage

Verlagsanstalt Athesia
Bozen

2002

Gesamtherstellung: Athesiadruck, Bozen

ISBN 88-7014-999-4

www.athesiabuch.it
buchverlag@athesia.it

Inhaltsverzeichnis

Pasta, in Italien eine Speise, die bei keinem Essen fehlen darf. Als Zwischengericht – primo piatto – in einem mehrgängigen Menü oder als Hauptspeise in einer dampfenden Schüssel. Mit der ganzen Familie oder mit Freunden genossen. Und nicht nur die Italiener genießen diese Nationalspeise.

Es gibt sicher weit über 300 verschiedene Nudelsorten, die mit unzähligen Soßenvariationen kredenzt werden: eine unendliche Geschichte. Ein Jahr lang tagtäglich etwas anderes essen. Zwar Nudeln, aber immer wieder eine andere Nudelsorte, eine andere Form, in Harmonie mit einer gerade dafür passenden typischen Soße. Eine köstliche Einheit von Form und Farbe, von Aroma und Geschmack.

Hausgemachte Nudeln schmecken unvergleichlich. Nachdem aber nicht immer die Zeit für die sorgfältige Herstellung der Tagliatelle oder ähnlicher Pasta-Sorten zur Verfügung steht, kann als Ergänzung auf gekaufte Ware zurückgegriffen werden. Heute bietet fast jedes Lebensmittelgeschäft gute Nudeln an, die in ihrer Formenvielfalt zu Hause schwer herzustellen sind.

Italiener verwenden für ihre Küche zumeist nur jene Zutaten, die den Jahreszeiten entsprechend leicht erhältlich sind. Heimische Gemüsesorten und Kräuter in hervorragender Qualität. Frisch, wenn möglich aus biologischem Anbau oder aus dem eigenen Garten. Und wenn sie eine Zutat gerade nicht zur Hand haben, verwenden sie etwas anderes – natürlich ebenso frisch.

Nur Produkte der allerbesten Qualität ermöglichen es, daß sich die Aroma- und Geschmacksstoffe der einzelnen Zutaten durch richtiges, nicht zu langes Kochen voll entfalten und so die Grundlage für ein unvergleichliches Nahrungsmittel bilden.
Lieber eingelegte Artischocken in Öl, die in mehreren Varianten eher leicht zu bekommen sind, als nicht mehr ganz frische Artischocken, die bei uns noch dazu meist teuer und dadurch in keinem Preis/Qualitätsverhältnis stehen.

Zudem sind Pasta-Gerichte durch den hohen Gehalt von Kohlehydraten und dem Reichtum an Vitaminen und Mineralstoffen auch ein wesentlicher Bestandteil einer gesunden Ernährung und somit eine Quelle der Energie.

Bei der Zusammenstellung der Rezepte für dieses Buch wurde besonders darauf geachtet, daß die Gerichte leicht nachzukochen sind. Traditionelles aus ganz Italien mit Neuem ergänzt. Verblüffende Geschmackserlebnisse und vor allem meist kein stundenlanges Köcheln. In einer viertel bis halben Stunde ein wohlschmeckendes Nudelgericht servieren. Trotzdem wurde einige Male auf die selbstgemachte Pasta – »fatta in casa« – nicht verzichtet. Sie schmeckt einfach besser.

Dieses Büchlein zeigt nun meine ganz persönliche Sammlung von 58 Pasta-Variationen, zusammengestellt und aufbereitet für eine Hauptmahlzeit in einem Zweipersonenhaushalt.

Viel Spaß beim Ausprobieren und beim Genießen dieser Gerichte!

Teigarten

Getrocknete Pastasorten sind meist aus einer Mischung aus Hartweizengrieß, Mehl und Wasser gefertigt.
Bandnudeln wie Fettuccine, Tagliatelle oder Pappardelle werden meist aus frischen Eiern und Mehl der Sorte 00 hergestellt.
Immer beliebter wird es auch, die Nudeln durch bestimmte Zutaten wie Tomatenmark rot oder Spinat grün zu färben.

Selbstgemachte Pasta

Für die Bandnudeln in diesem Buch wird auf Seite 14 ein Standardrezept vorgestellt. Eine Eierteigware, die mit eher geringem Aufwand gut selbst herzustellen ist. Und wenn sich dann die ersten Erfolge einstellen, kann man sehr leicht andere Varianten probieren. Zum Beispiel als Flüssigkeitszugabe ein Glas trockener Weißwein. Oder ein andermal einige frische Kräuter, etwa Basilikum, ganz fein hacken und in den Teig mithineinkneten. So entfalten bereits die Nudeln ein besonderes Aroma.

Pasta-Sorten und Formen, die in diesem Buch verwendet wurden

Pasta corta – kurze Pasta

Conchiglie (Muschelnudeln), Conchiglioni (größere Muschelnudeln), Farfalle (Schmetterlingsnudeln), Fusilli (Spiralnudeln), Lumache (Schneckennudeln), Lumaconi (große Schneckennudeln), Orecchiette (Ohrnudeln). Maccheroni, Mezze Maniche, Mezze Penne, Penne, Rigatoni und Sedani sind Hohlnudeln schräg oder gerade angeschnitten, gerillt oder glatt in verschiedenen Größen.

Pasta lunga – lange Pasta
Bucatini (dickere Spaghetti mit Loch), Capellini (Fadennudeln), Fusilli lunghi (spiralenförmige lange Nudeln), Linguine (flach gedrückte Spaghetti), Pici (handgemachte dickere Spaghetti), Spaghetti, Spaghettini (dünne Spaghetti), Vermicelli (dickere Spaghetti), Ziti (dickere Bucatini mit Loch)

Fettucce - Bandnudeln
Fettuccine und Trenette (Breite 5 mm), Tagliolini (Breite 2 mm), Tagliatelle (Breite 8 mm), Pappardelle (Breite 12–20 mm), Reginette (Breite rund 12 mm, aber mit gewelltem Rand), Maltagliati (unregelmäßig abgeschnittene Teigstücke)

Welche Nudel zu welcher Soße
Jede Pasta-Sorte verlangt aufgrund von Teigstärke, Nudellänge, Größe des Hohlraumes und Struktur der Nudeloberfläche eine ganz spezifische Soße. Nur so lassen sich Geschmack und Konsistenz ideal miteinander verbinden. Ein Tip: feine, dünne Nudeln verlangen nach leichteren Soßen, dickere Nudeln nach deftigeren Soßen und Ragùs. Und die Öffnungen von Penne oder die Wölbung der Lumache und Orecchiette sind gerade richtig für kleine Gemüsestückchen und Tomatensoße.

Die richtige Menge pro Person
Für eine Vorspeise werden 70–80 g getrocknete Pasta verwendet, für eine Hauptspeise 90–100 g getrocknete Pasta oder 100–110 g frische Pasta. Bei sättigenden Soßen wie Rahmsoßen verwenden Sie etwas weniger.

Wie man Pasta kocht
Für das Kochen der Nudeln eignet sich am besten ein eher hoher Topf. Nehmen Sie rund 2–3 Liter Wasser für 200 g

Nudeln. Manche meinen auch, daß in weniger Wasser der Geschmack nicht verloren geht. Aber bedenken Sie, daß beim Kochen die Nudeln quellen. Das Wasser nur zugedeckt zum Sieden bringen, und wenn das Wasser das erste Mal aufkocht, 1 bis 2 Eßlöffel Meersalz hineinstreuen. Erst wenn das Wasser wieder aufsprudelt, die Nudeln hineingleiten lassen, kurz umrühren, daß sie nicht aneinander oder am Topf ankleben und zugedeckt wieder zum Kochen bringen. Wiederholt umrühren. Selbstgemachte, frische Pasta benötigt je nach Teigstärke zwischen 2 und 5 Minuten Garzeit. Wobei hier das Kochwasser nicht allzu stark wallen soll. Für getrocknete, gekaufte Pasta-Sorten ist die Kochzeit als Empfehlung auf der Packung angegeben, sie kann bis zu 16 Minuten betragen. Trotzdem sollten Sie zwischendurch für die Garprobe eine Nudel aus dem kochenden Wasser herausfischen und probieren, um den richtigen Zeitpunkt nicht zu übersehen. Denn die Nudeln sollten zwar zart und weich, aber noch bißfest, also »al dente« sein.
Wenn der richtige Zeitpunkt gekommen ist, die Nudeln zum Abtropfen in ein Sieb schütten. Dabei leicht rütteln, damit das Wasser gut abläuft. Auf keinen Fall mit kaltem Wasser abspülen. Dabei werden Geschmacks- und Nährstoffe herausgeschwemmt. Außerdem haftet die Soße nicht mehr so gut.

Käse – ja oder nein?
Jedes Nudelgericht versuche ich zuerst ohne frisch geriebenen Parmesan. Manchmal empfinde ich den Geschmack des Käses als zu intensiv. Ein anderes Mal reiche ich zur Pasta geriebenen Pecorino. Probieren Sie es selbst aus, ob und wieviel Käse Sie darüberstreuen wollen. Allerdings sollte der Käse wirklich frisch gerieben sein.

Ricetta base per fettuccine, tagliatelle, pappardelle

Grundrezept für Eierbandnudeln

160 g Mehl 00
2 Eier
1 Prise Salz
2–3 EL Olivenöl, kaltgepreßt
1/8 l lauwarmes Wasser

Mehl auf einem Nudelbrett aufhäufen und in die Mitte eine Mulde drücken. Die Eier aufschlagen und in die Mulde geben. Das Olivenöl zugeben und die Prise Salz darüberstreuen. Mit der Gabel die Eier und das Öl vorsichtig verquirlen, dabei das Mehl in die Eimischung einarbeiten. Dann mit den Händen das restliche Mehl über die Eimischung geben und die Masse mit den Handballen bearbeiten und kneten.
Beim Kneten den Teigknollen immer wieder etwas drehen. Vorzu noch etwas lauwarmes Wasser zugeben und so lange kneten, bis der Teig nicht mehr klebt und alles Mehl verarbeitet ist. Das Endprodukt ist ein homogener, sehr elastischer, nicht zu fester Teig. Den Teig mit etwas Olivenöl bestreichen, in Klarsichtfolie hüllen und im Kühlschrank eineinhalb Stunde ruhen lassen. Dann nochmals den Teig auf dem Nudelbrett kurz durchkneten und mit dem Nudelholz vorzu dünn ausrollen. Dabei den Teig immer wieder um 90 Grad drehen. Gute Dienste tut hier die Nudelmaschine, bei der der Teig durch die verstellbaren Walzenabstände stufenweise dünner gewalzt wird. Die Teigplatten etwas bemehlen, gut antrocknen lassen, bis sie sich ledrig anfühlen. Daraus eine Rolle von 4 cm Durchmesser formen. Mit einem Messer Streifen abschneiden. Für Fettuccine 5 mm, für Tagliatelle 8 mm und für Pappardelle rund 12 bis 20 mm breit. Auf einem Tuch ausbreiten und vor dem Kochen noch etwas trocknen lassen.

Bucatini all'amatriciana

Bucatini nach Amatriciana-Art

2 EL Olivenöl
1 Scheibe Bauchspeck oder durchwachsenen Schinkenspeck (ca. 50 g)
1 Schalotte
1/2 rote Pfefferschote
3 kleinere reife Tomaten
Salz, Pfeffer
180 g Bucatini
2 EL frisch geriebener Pecorino

Die Tomaten etwas einritzen, kurz in kochendem Wasser überbrühen und kalt abschrecken. Von der Haut und den Kernen befreien und das Fruchtfleisch in kleine Stücke schneiden. In einer Pfanne die feinnudelig geschnittene Schalotte sowie die entkernte und kleingeschnittene Pfefferschote in 1 Eßlöffel Öl bei sanfter Hitze andünsten. Die Tomaten zugeben, leicht salzen und pfeffern und 3 bis 4 Minuten köcheln lassen. In einer anderen Pfanne das restliche Olivenöl erhitzen und darin den in Würfel geschnittenen Speck leicht knusprig anbraten. Inzwischen die Bucatini in reichlich Salzwasser bißfest kochen und abseihen. Die Nudeln in eine vorgewärmte Schüssel geben, mit den Tomaten und dem knusprig gebratenen Speck gut vermengen, mit dem frisch geriebenen Pecorino bestreuen und servieren.

Bucatini alla siracusana

Bucatini nach Syrakuser Art

1 Schalotte
1 Zehe Knoblauch
1 Pfefferoni
1 EL Kapern in Salz
6 schwarze Oliven, entkernt
3 feste Tomaten
6 Sardellen in Öl
3 EL Olivenöl
200 g Bucatini
Salz
2 EL Pecorino

Die zum Entsalzen gewässerten Kapern gut abtropfen lassen und etwas ausdrücken.
Die Schalotte grob sowie den Knoblauch fein hacken und in 3 Eßlöffel Olivenöl anschwitzen. Die Kapern, die entkernten und klein geschnittenen Oliven, die zerstückelten Sardellen und den entkernten und nudelig geschnittenen Pfefferoni dazugeben. Die Tomaten von den Samen befreien, in kleine Stückchen schneiden und mitschmoren. Alles rund 10 Minuten auf kleinem Feuer fertig dünsten. Inzwischen in rund 2 Liter schwach gesalzenem Wasser die Bucatini »al dente« kochen, abtropfen und zur Soße geben. Mit einigen Olivenstücken dekorieren und mit frisch geriebenem Pecorino bestreuen.

Bucatini mit Pfifferlingen und Speck

200 g Bucatini
300 g Pfifferlinge
70 g Bauchspeck
Salz, Pfeffer
1 TL Majoran
30 g Butter
1 Zwiebel
2 EL Parmesan

Das Wasser für die Bucatini erhitzen. Sobald es zum ersten Male aufkocht, 2 Eßlöffel Salz einstreuen. Die Bucatini hineingeben, umrühren und kochen lassen. In der Zwischenzeit den Speck in Streifchen schneiden. Die Pfifferlinge putzen, nicht zu klein schneiden und in einer beschichteten Pfanne dünsten. Sobald die Flüssigkeit eingekocht ist, den Bauchspeck hinzufügen und kurz anbraten. Mit Salz, frisch gemahlenem Pfeffer und 1 Teelöffel Majoran würzen. Die Zwiebel grobnudelig schneiden, mit der Butter zu den Pfifferlingen geben und noch für weitere 2 Minuten schmoren. Die bißfest gegarten Bucatini abseihen, mit den Pfifferlingen gut vermengen und mit Parmesan bestreut servieren.

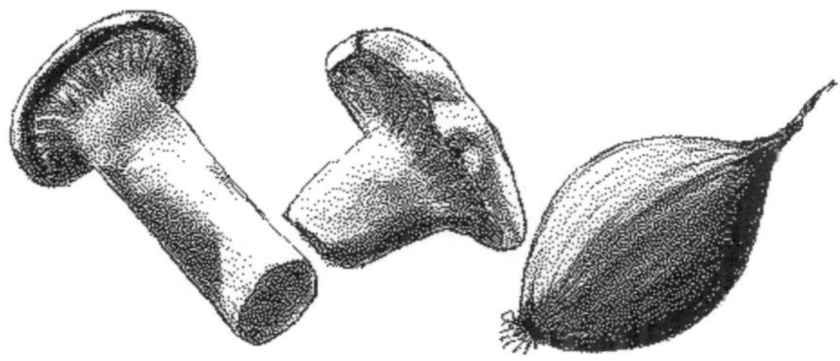

Capellini con pomodorini

Dünne Spaghetti mit Kirschtomaten

1 kleine weiße Zwiebel
200 g Kirschtomaten
3 EL Olivenöl »extravergine«
200 g Capellini
Salz
Parmesan

Reichlich Wasser in einem großen Topf zum Kochen bringen. Die Zwiebel fein nudelig schneiden. Die Tomaten waschen und vierteln. Sobald das Nudelwasser aufkocht, 2 Eßlöffel grobes Meersalz hineingeben, das Wasser nochmals aufwallen lassen und die Capellini einrühren. In einer Pfanne die Zwiebel in 3 Eßlöffel Olivenöl »extravergine« sanft andünsten. Die Tomaten zugeben, leicht salzen und bei schwacher Hitze leicht köcheln. Die Capellini in wenigen Minuten bißfest kochen, etwas Nudelwasser in einer Tasse zur Seite stellen, die Nudeln abseihen und zu den Tomaten geben. Gut vermengen und, wenn es notwendig ist, noch etwas Nudelwasser zufügen. Auf flache Teller geben. Etwas frisch geriebenen Parmesan darüberstreuen und sofort servieren.

Conchiglioni con asparagi

Große Muschelnudeln mit Spargel

150 g Conchiglioni
200 g grüner Spargel
200 g Ricotta
1 EL Butter
1 EL Mehl
1/2 l Milch
1/8 l Spargelsud
Muskatnuß
Salz, weißer Pfeffer
1 EL Parmesan

Den Spargel an der unteren Hälfte schälen, Enden kappen und in Stücke schneiden. Die Spargelstücke in leicht gesalzenem Wasser ungefähr 10 Minuten dünsten. Nach 5 Minuten die Spitzen zugeben. Den Spargel herausnehmen, den Spargelsud aufbewahren. Die Spargelspitzen zur Seite legen, die restlichen Stücke grob zerkleinern und mit der Ricotta vermengen. Etwas Spargelsud untermengen, damit eine cremige Fülle entsteht. Mit Salz und weißem Pfeffer würzen. Für die Béchamelsoße in einer Kasserolle 1 Eßlöffel Mehl in heißer Butter anschwitzen lassen. Nach und nach unter ständigem Rühren mit dem Schneebesen kochendheiße Milch angießen. Mit Salz, weißem Pfeffer und frisch geriebener Muskatnuß würzen und zu einer dickflüssigen Soße einkochen.
Die Nudeln in wallendem Salzwasser beinahe »al dente« kochen und vorsichtig abseihen. Auf den Boden einer Auflaufform etwas Béchamel geben. Die Nudeln mit der Spargel-Ricotta-Creme füllen und nebeneinander in die Form legen. Die restliche Béchamelsoße darübergießen und die Conchiglioni mit den Spargelspitzen garnieren. Etwas Parmesan darüberstreuen. Im vorgeheizten Rohr bei 200 Grad rund 35 Minuten überbacken.

Farfalle alla contadina

Schmetterlingsnudeln nach Bäuerinnenart

200 g Farfalle
150 g Erbsen, tiefgekühlt oder frisch
80 g Bauchspeck
2 mittlere rote Zwiebeln
3–4 EL Rotwein
2 Eier
2 EL Schnittlauch
Salz, Pfeffer

Die Erbsen in Salzwasser garen, abseihen und beiseite stellen. Speck grob würfelig schneiden und in einer beschichteten Pfanne glasig anlaufen lassen. Die in Scheiben geschnittenen Zwiebeln hinzufügen, kurz anrösten und mit dem Rotwein löschen. Erbsen dazugeben und nochmals kurz mitdünsten. Mit Salz und Pfeffer würzen. Die inzwischen bißfest gekochten Farfalle abseihen, mit den gedünsteten Speckerbsen vermischen. Aus 2 Eiern, Salz und Pfeffer Rühreier zubereiten und über das fertige Nudelgericht geben. Kurz durchmischen und mit Schnittlauchröllchen bestreut servieren.

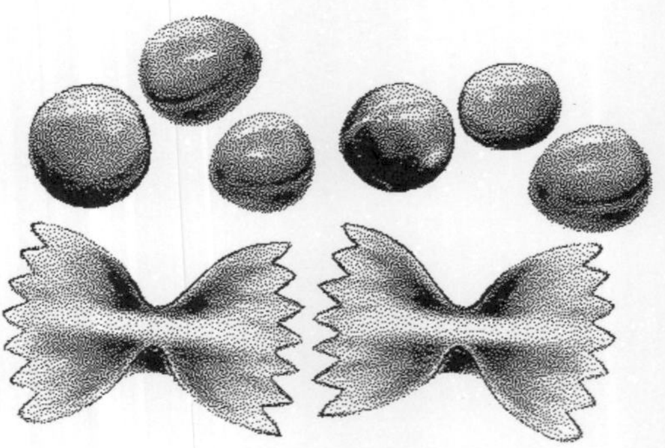

Fettuccine con burro e salvia

Bandnudeln mit Butter und Salbei

180 g Fettuccine
Salz
3 EL Butter
einige Blätter Salbei
Pfeffer
Parmesan

Die Fettuccine in reichlich Salzwasser »al dente« kochen. In einer Pfanne die Butter aufschäumen und die Salbeiblätter hinzufügen. Die gut abgetropften Nudeln – etwas Kochwasser in einer Schale zur Seite stellen – in eine vorgewärmte Schüssel geben. Die Salbeibutter darübergießen, noch etwas pfeffern, den frisch geriebenen Parmesan dazugeben und gut vermengen. Sollten die Fettuccine zu trocken sein, noch etwas Nudelwasser beimengen. Sofort servieren.

Fettuccine con cipolla e vino bianco

Bandnudeln mit Zwiebel und Weißwein

1 große rote Zwiebel
(oder eine weiße süße Zwiebel)
2 EL Olivenöl
1 EL Butter
3 EL Gemüsebrühe
1 Glas trockener Weißwein
gut 1 EL gehackte Petersilie
Salz, Pfeffer, Prise Zucker
180 g Fettuccine
Parmesan

Die Zwiebel fein wiegen und in Öl und Butter leicht anschwitzen, sofort die heiße Gemüsebrühe dazugießen und für rund 2 Minuten weiterköcheln lassen. Den Weißwein zugeben und nochmals für kurze Zeit köcheln lassen. Mit einer kleinen Prise Zucker, etwas Salz und Pfeffer abschmecken. Zum Schluß noch 1/2 Eßlöffel gehackte Petersilie untermengen und das Ganze mit dem Pürierstab gut pürieren. Inzwischen die Nudeln in reichlich Salzwasser »al dente« kochen, abseihen und zur pürierten Zwiebel geben. Kurz auf der heißen Herdplatte ziehen lassen und auf zwei Teller geben. Die Teller mit der restlichen Petersilie dekorieren. Servieren und nach Belieben frisch geriebenen Parmesan dazureichen.

Fettuccine colorate con zucchine e peperoni gialli

Bunte Bandnudeln mit Zucchini und gelbem Paprika

200 g bunte Fettuccine
3 EL Olivenöl
1 kleine Zwiebel
1 Zehe Knoblauch
$1/2$ gelber Paprika
1 mittlerer Zucchino
Zitronenschale
Limettenschale
einige Blätter Basilikum
einige Blätter Pfefferminze
Crème fraîche
Salz, Pfeffer
Parmesan

Die Zwiebel und den Knoblauch fein hacken und in 3 Eßlöffel Olivenöl andünsten. Die in kurze Stifte geschnittenen Zucchini und den in Würfel geschnittenen Paprika hinzufügen und rund 4 bis 5 Minuten dünsten. Salzen, pfeffern, die kleingeschnittenen Kräuter sowie die Zitronen- und Limettenschale hinzufügen, die Crème fraîche einrühren und vom Herd nehmen. Die inzwischen in reichlich Salzwasser bißfest gekochten Fettuccine abtropfen, dabei etwas Kochwasser aufbewahren. Die Nudeln zur Zucchini-Paprika-Soße geben. Gut vermischen und bei Bedarf etwas Kochflüssigkeit beimengen. Nur kurz noch auf der heißen Herdplatte ziehen lassen und servieren. Frisch geriebenen Parmesan dazureichen.

Fettuccine con finocchio ed arancia

Eierbandnudeln mit Fenchel und Orangen

200 g Eier-Fettuccine
1 Fenchel
1 kleine Schalotte
1 Naturorange
1 Crème fraîche
1 EL Olivenöl
2 EL Hühnerbrühe

Den Fenchel waschen und in kleine Würfel schneiden. Die Zwiebel in feine Scheiben schneiden und grob hacken. Beides in 1 Eßlöffel Ölivenöl und 2 Eßlöffel Hühnersuppe sanft für 2 Minuten dämpfen. Die Orange mit dem Zestenreißer schälen. Den Saft von einer halben Orange auspressen, die andere Hälfte von Schale und weißer Haut befreien und das Orangenfleisch in kleine Stücke schneiden. Den Fenchel vom Herd nehmen und die Crème fraîche einrühren. Orangensaft, -schale und -stücke beimengen, salzen und pfeffern.
Die Fettuccine in Salzwasser kochen, abseihen und mit dem Fenchel vermengen. Wenn nötig, etwas Kochwasser beimengen. Auf die Teller geben, mit etwas Fenchelkraut und Parmesan bestreuen und sofort servieren.

Fettuccine con pesto di rucola

Bandnudeln mit Rucola-Pesto

250 g Rucola
1 Tasse kaltgepreßtes Olivenöl
3 Knoblauchzehen
6 EL Pinienkerne
grobes Meersalz
2 EL Pecorino
2 EL Parmesan
200 g Fettuccine

Den Rucola-Salat mit den kleingehackten Knoblauchzehen und den leicht gerösteten Pinienkernen im Mixer pürieren – oder noch besser, mit etwas grobem Meersalz im Mörser zerreiben. Nach und nach die beiden frisch geriebenen Käsesorten Pecorino und Parmesan einarbeiten und mit dem kaltgepreßten Olivenöl zu einer glatten, sämigen Paste verarbeiten. In ein Glas füllen und mit einer Schicht kaltgepreßtem Olivenöl bedecken. Im Kühlschrank aufbewahren. Die Menge reicht für rund 4 Mahlzeiten.
Die Fettuccine in Salzwasser »al dente« kochen, kurz abseihen und in einen Topf geben. Nun 2 Eßlöffel Nudelwasser, 2 Eßlöffel Rucola-Pesto und 2 Eßlöffel kaltgepreßtes Olivenöl zu den Nudeln geben, gut vermengen und am Teller zum Servieren mit einigen kleinen Rucolablättern garnieren.

Fettuccine con salmone e pepe colorato

Bandnudeln mit geräuchertem Lachs und buntem Pfeffer

200 g Fettuccine
1 Schalotte
ca. 140 g geräucherter Lachs
roter und grüner Pfeffer nach Belieben
$^{1}/_{8}$ l trockener, fruchtiger Weißwein
$^{1}/_{8}$ l Sahne
Dill
1 EL Butter

Die Schalotte fein schneiden und in Butter anschwitzen. Den entgräteten, fein geschnittenen Lachs dazugeben. Kurz mitrösten, den roten und grünen Pfeffer dazugeben und das Ganze mit einem $^{1}/_{8}$ Liter Weißwein löschen. So lange köcheln, bis rund $^{2}/_{3}$ der Flüssigkeit eingekocht ist. Dann $^{1}/_{8}$ Liter Sahne dazugießen und noch rund 5 Minuten bei geringer Hitze kochen, bis die Soße leicht cremig wird.
Nachdem der geräucherte Fisch eher salzig schmeckt, ist ein Nachwürzen mit Salz nicht notwendig.
In der Zwischenzeit die Fettuccine in Salzwasser »al dente« garen. Abtropfen, zum Lachs geben, kurz vermengen, mit Dill bestreuen und sofort servieren.

Fettuccine con salsa di asparagi e tartufo

Bandnudeln mit Spargelcreme und Trüffel

200 g Eier-Fettuccine
350 g grüner und weißer Spargel
ca. 1/4 l Wasser
Salz
2 EL Butter
1 kleiner schwarzer Trüffel
(oder 2 TL Trüffelcreme)

Die Spargelstangen schälen, die Enden kappen, in kurze Stücke schneiden, wobei die Spitzen ganz bleiben sollen. Den Spargel in rund 1/4 Liter leicht gesalzenem Wasser ca. 10 Minuten zugedeckt weich dünsten.
In der Zwischenzeit das Wasser für die Nudeln zum Kochen bringen. Salzen, die Fettuccine zugeben und »al dente« garen. Die Spargelspitzen aus dem Sud nehmen und zur Seite legen. Die Spargelstücke mit dem Spargelwasser pürieren, 2 Eßlöffel Butter unterrühren und mit etwas Salz und etwas frisch gemahlenen weißen Pfeffer abschmecken. Nochmals kurz auf die heiße Herdplatte stellen. Die abgeseihten Fettuccine untermengen. Wenn nötig, noch etwas Nudelwasser zugeben. Einen kleinen schwarzen, geputzten Trüffel in hauchdünne Scheibchen schneiden und vorsichtig den Nudeln unterheben. Zum Servieren auf zwei Teller geben und mit den gekochten Spargelspitzen dekorieren.

Fusiddi cu la sauzizza

Spiralnudeln mit Schweinswurst und Tomaten

2 EL Olivenöl »extravergine«
200 g Salsiccia (Schweinswurst)
500 g reife Tomaten
1 Zwiebel
1 Peperoncino
Salz
200 g Fusilli
Pecorino

Die Tomaten einritzen, rund 10 Sekunden ins kochende Wasser geben, in kaltem Wasser abschrecken und die Haut entfernen. Die enthäuteten Tomaten vierteln, die Samen und die Flüssigkeit weggeben. Das Fruchtfleisch klein schneiden. Die Zwiebel fein hacken. In einer Pfanne 2 Eßlöffel Olivenöl erhitzen und die Zwiebel anschwitzen. Die zerkleinerte Wurst beimengen und rund 5 Minuten anbräunen. Die Tomaten zugeben, etwas salzen und bei mittlerer Hitze rund 15 Minuten köcheln. Die Fusilli in reichlich Salzwasser »al dente« kochen, abtropfen, zum Sugo geben und gut vermischen. Zum Servieren den Peperoncino entkernen, in Streifchen schneiden und zusammen mit frisch geriebenem, jungen Pecorino über die Nudeln geben.

Fusilli lunghi con carciofi

Lange Spiralnudeln mit Artischocken

200 g Fusilli lunghi
6 Artischocken in Öl
1 TL Zitronensaft
2 EL Olivenöl
1 kleine Zwiebel
1 Zehe Knoblauch
250 g reife Tomaten
1 Karotte
1 Stück Staudensellerie
6 EL Gemüsebrühe
Salz, Pfeffer
1 EL gerebelten, frischen Thymian

Die eingeritzten Tomaten in kochendes Wasser tauchen, häuten, vierteln und von den Samen befreien. Dann das Fruchtfleisch in kleine Stücke schneiden. Die Zwiebel, den Knoblauch, die Karotte und den Staudensellerie klein hacken und in 2 Eßlöffel Olivenöl anbraten. Die Tomaten und die Gemüsebrühe zugeben und rund 10 Minuten einkochen lassen. Die geviertelten Artischocken untermengen. Mit 1 Teelöffel Zitronensaft, Salz und Pfeffer würzen. In der Zwischenzeit das Wasser zum Kochen bringen, salzen, die Fusilli lunghi einrühren und bißfest garen. Abtropfen, zum Sugo geben und gut vermischen. Mit gerebeltem Thymian bestreuen und mit etwas frisch geriebenem Parmesan servieren.

Fusilli lunghi con finocchio

Lange Spiralnudeln mit Fenchel

200 g Fusilli lunghi
1 Fenchel
1 kleiner gelber Zucchino
1 EL Olivenöl »extravergine«
2 EL Butter
1/8 l Gemüsebrühe
1 kleine Zwiebel
1/2 Birne
1 TL Fenchelsamen
Salz, schwarzer Pfeffer
Parmesan

Das Wasser für die Nudeln zum Kochen bringen. Den Fenchel und den Zucchini putzen und in feine Scheiben schneiden. In einer Pfanne 1 Eßlöffel Olivenöl »extravergine« und 1 Eßlöffel Butter zerlassen. Den Fenchel und den Zucchino zugeben und bei nicht zu starker Hitze kurz anschmoren. Mit rund 1/8 Liter Gemüsebrühe aufgießen und bißfest dünsten. Die Zwiebel fein hacken und die geschälte, würfelig geschnittene Birne sowie 1 Teelöffel Fenchelsamen dem Gemüse beifügen. Das Ganze noch 1 bis 2 Minuten bei schwacher Hitze durchziehen lassen. In der Zwischenzeit die Fusilli in sprudelndem Salzwasser auf den Biß garen, gut abtropfen. Das Fenchelgemüse mit 1 Eßlöffel Butter verfeinern, die Nudeln zugeben und gut vermischen. Reichlich schwarzen Pfeffer darübermahlen und mit Parmesan servieren.

Linguine al gorgonzola e noci

Linguine mit Gorgonzola und Nüssen

200 g Linguine
Salz
100 g italienischer Gorgonzola
1/8 l Rahm
1/8 l trockener Weißwein
Muskatnuß
Zitronenschale
Weißer Pfeffer
4 Walnüsse
1/2 EL Petersilie

Das Wasser für die Linguine in einem großen Topf zum Kochen bringen. 1 Eßlöffel Salz einstreuen und die Nudeln einrühren. Während der Garzeit den Rahm und den Gorgonzola in einer Kasserolle zum Köcheln bringen bis der Käse schmilzt, dabei öfters umrühren. Den Weißwein einrühren, mit etwas frisch geriebener Muskatnuß und der geriebenen Schale einer halben Zitrone abschmecken. Noch einige Minuten bei kleiner Flamme köcheln lassen. Indessen die Linguine »al dente« garen, abseihen und zur Gorgonzolacreme geben. Frisch gemahlenen weißen Pfeffer, einen halben Eßlöffel gehackte Petersilie und vier gehackte Walnüsse beimengen und gut vermischen. Dann eine halbe Minute auf der noch heißen Herdplatte dämpfen lassen und sofort servieren.

Linguine al tonno

Linguine mit Thunfisch

1 Zehe Knoblauch
1 EL Olivenöl
1 EL Butter
1/2 EL getrockneter Oregano
1 kleine Zwiebel
1 Dose Thunfisch in Öl (160 g)
2 EL Zitronensaft
300 g passierte Tomaten
6 grüne Oliven ohne Stein
200 g Linguine
Salz, Pfeffer
Parmesan

1 Eßlöffel Butter in 1 Eßlöffel Olivenöl zergehen lassen. Darin die halbierte Knoblauchzehe leicht andünsten. Den Oregano hinzufügen und weiterdünsten. Die feinnudelig geschnittene Zwiebel hinzufügen und noch etwas anschwitzen lassen. Den Thunfisch abtropfen lassen und untermengen. Den Knoblauch herausnehmen, das Thunfischgemisch mit 1 Eßlöffel Zitronensaft löschen, die passierten Tomaten und die gehackten Oliven unterrühren und noch einige Minuten köcheln lassen. Mit Salz und frisch gemahlenem schwarzen Pfeffer würzen. Während die Soße köchelt, die Nudeln in reichlich Salzwasser bißfest kochen und in einem Sieb abtropfen. Die Linguine mit dem Sugo vermengen, noch mit 1 EL Zitronensaft abschmecken und servieren. Dazu geriebenen Parmesan reichen.

Linguine con pomodorini e sarde

Linguine mit Kirschtomaten und Sardinen

200 g Linguine
5 EL Olivenöl
1 Schalotte
1 Zehe Knoblauch
250 g Kirschtomaten
2 TL Oregano
2 EL Petersilie gehackt
250 g frische Sardinen
Salz, Pfeffer

Die Schalotte und den Knoblauch fein hacken und in 3 Eßlöffel Olivenöl andünsten. Die Hälfte der gewaschenen Tomaten klein schneiden und zu den Zwiebeln geben. Den Oregano und die in kleine Stücke geschnittene Petersilie beimengen und rund 5 Minuten köcheln lassen. Nun die andere Hälfte der Tomaten halbieren und dem Sugo zugeben. Etwas salzen, mit Pfeffer aus der Mühle bestreuen und noch einige Minuten garen lassen. Die Sardinen filetieren und in einer anderen Pfanne in 2 Eßlöffel Olivenöl auf beiden Seiten anbraten. Dabei etwas salzen und pfeffern. Die inzwischen in sprudelndem Salzwasser bißfest gegarten Linguine abtropfen lassen und zu den Tomaten geben. Noch für rund 2 Minuten einwirken lassen, damit der Sugo das Aroma weitergibt. Die Pasta auf zwei flache Teller geben, mit den gebratenen Sardinenfilets garnieren und servieren.

Lumache con ricotta e cannella

Muschelnudeln mit Ricotta und Zimt

200 g Lumache
125 g frischen Ricotta
1/2 TL Zimt
1 EL Pecorino
Salz, Pfeffer

Einen 1/2 Teelöffel Zimt, 1 Eßlöffel frisch geriebenen Pecorino, etwas Salz und schwarzen Pfeffer aus der Mühle mit einer Gabel in den frischen Ricotta einarbeiten. Inzwischen die Lumache in reichlich Salzwasser bißfest garen. Den Ricotta teilen. In die eine Hälfte des Ricotta 3 bis 4 Eßlöffel Kochwasser einrühren, sodaß eine schöne Creme entsteht. Wenn notwendig, noch etwas mit Salz würzen. Die gut abgetropften Nudeln mit dieser Creme gut vermengen. Den restlichen groben Ricotta untermengen. Noch etwas Pfeffer darübermahlen und gleich servieren.

Lumaconi alla boscaiola

Große Muschelnudeln nach Holzfällerart

200 g Lumaconi
2 EL Olivenöl
1 Zwiebel
1 Zehe Knoblauch
300 g Pfifferlinge, geputzt
1 Dose Pelati (Tomaten)
1 EL Petersilie
Salz, Pfeffer
Parmesan

Die Zwiebel und den Knoblauch fein hacken und in Olivenöl anschwitzen. Die geputzten und klein geschnittenen Pfifferlinge zugeben. Nach rund 1 bis 2 Minuten die Dosentomaten einrühren und bei kleiner Hitze rund 12 Minuten köcheln. Die fein geschnittene Petersilie beimengen und mit Salz und frisch gemahlenem Pfeffer abschmecken. In der Zwischenzeit die Lumaconi in sprudelndem Salzwasser bißfest garen. In einem Sieb abtropfen, zu den Pfifferlingen geben und vorsichtig gut vermengen. Noch kurz auf der Herdplatte ziehen lassen und servieren. Wer will, kann noch etwas frisch geriebenen Parmesan darüber geben.

Maccheroni ai sapori d'estate

Röhrennudeln mit dem Geschmack des Sommers

200 g Maccheroni
4 größere, reife Tomaten
1 kleine Zwiebel
1 Zehe Knoblauch
3 EL kaltgepreßtes Olivenöl
100 g Mozzarella
1 hart gekochtes Ei
Salz, Pfeffer
1 EL frisch gehacktes Basilikum
1 EL frisch gehackte Petersilie

Die Tomaten einritzen, kurz in kochendes Wasser geben, wieder herausnehmen, mit kaltem Wasser abschrecken und von der Einritzstelle her die Haut abziehen. Sodann die Tomaten vierteln, entkernen und das Fruchtfleisch in kleine Stücke schneiden. Die nudelig geschnittene Zwiebel, den fein gehackten Knoblauch und 2 Eßlöffel kaltgepreßtes Olivenöl dazugeben. Die würfelig geschnittene Mozzarella und das ebenfalls in kleine Würfel geschnittene hartgekochte Ei beimengen. Salzen, pfeffern sowie das frisch gehackte Basilikum und die Petersilie hinzufügen und alles nochmals vorsichtig gut vermischen. Nun die Marinade gut 1 Stunde im Kühlschrank ziehen lassen.
Die Maccheroni in reichlich Salzwasser »al dente« kochen und gut abtropfen. Die kalte Tomatenmischung über die heißen Maccheroni geben und sofort servieren. Dieses Gericht schmeckt besonders gut an einem heißen Sommertag.

Maccheroni con champignon e pomodorini

Röhrennudeln mit Champignons und Kirschtomaten

190 g Maccheroni
3 EL Olivenöl »extravergine«
2 TL frischen, gerebelten Thymian
1 Schalotte
1 Zehe Knoblauch
250 g Champignons
200 g Kirschtomaten
Salz, Pfeffer
Parmesan

In einem großen Topf reichlich Wasser zum Kochen bringen, salzen und die Maccheroni bißfest kochen.
2 Teelöffel frisch gerebelten Thymian in nicht zu heißem Olivenöl »extravergine« ziehen lassen. Die fein gehackte Schalotte und den in kleine Stücke geschnittenen Knoblauch zugeben. Die gewaschenen, feinblättrig geschnittenen Champignons beimengen, etwas salzen und einige Minuten dünsten lassen. Die Kirschtomaten halbieren und untermengen. Nach rund 1 Minute nochmals mit etwas Salz und Pfeffer abschmecken.
Die gegarten Nudeln in ein Sieb gießen, abtropfen lassen und zur Soße geben. Das Ganze gut vermengen, noch kurz ziehen lassen und servieren. Dazu frisch geriebenen Parmesan reichen.

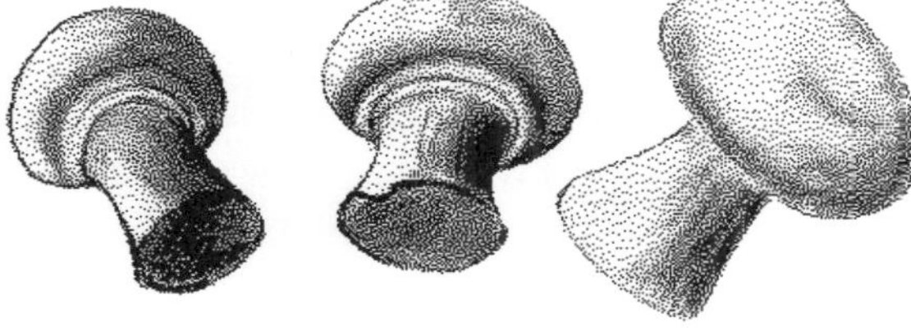

Maltagliati con noci e maggiorana

Teigstücke mit Nüssen und Majoran

120 g griffiges Mehl
30 g Hartweizengrieß
1 Ei
2 EL trockener Weißwein
4 Walnüsse, 1 EL Pinienkerne
1 Knoblauchzehe
1 EL frischen Majoran
(oder 1 TL getrockneten)
3 EL Olivenöl
2 EL Parmesan
Salz, Pfeffer

Aus Mehl, Hartweizengrieß, Ei, Weißwein und einer Prise Salz einen elastischen Nudelteig kneten. Wenn der Teig zu fest ist, noch etwas Wein zugeben. Eine halbe Stunde zugedeckt im Kühlschrank rasten lassen.
Mit dem Nudelholz Teigplatten in einer Dicke von 2 mm auswalken. Mit dem Messer unregelmäßige Teigstücke von rund 2x2 cm Größe abschneiden und rund 20 bis 30 Minuten trocknen lassen. Die Walnüsse auslösen. Zusammen mit den Pinienkernen kleinhacken und in einer Pfanne leicht antoasten. In einer weiteren Pfanne mit der zerdrückten Knoblauchzehe das nicht zu heiße Olivenöl aromatisieren. Den Knoblauch wieder herausnehmen, den Majoran mit den Nüssen ins Öl geben und rund 3 Minuten ziehen lassen. Das Öl noch etwas mit Salz und Pfeffer würzen. Die Nudelstücke in reichlich Salzwasser in 2 bis 3 Minuten bißfest kochen, abtropfen und in eine vorgewärmte Terrinne geben. Mit frisch geriebenem Parmesan bestreuen, das Majoranöl darübergießen und servieren.
Anstelle der selbstgemachten Pasta können auch 200 g Lasagneblätter zerbrochen werden.

Mezze penne agli asparagi, tonno ed arancia

Kurze Penne mit grünem Spargel, Thunfisch und Orangen

200 g Mezze Penne
200 g grüner Spargel
½ l Spargelsud
1 kl. Dose Thunfisch in Öl (ca. 100 g)
1 EL Butter
1 EL Mehl
5 EL Orangensaft
Schale von 1 Orange
Salz, Pfeffer
1 EL Petersilie gehackt

Den Spargel zumindest an der untersten Hälfte schälen, die Enden abschneiden, in Stücke schneiden und in etwas Salzwasser je nach Größe und Stärke rund 6 bis 8 Minuten bei eher geringer Hitze bißfest garen. Am besten mit einem Stich mit der Gabel kontrollieren. Mit dem Schaumlöffel die Spargelstücke herausnehmen und zur Seite geben. Den Spargelsud aufbewahren. In einer Pfanne 1 Eßlöffel Butter schmelzen, Mehl unterrühren und anschwitzen. Den Spargelsud vorzu unterrühren und rund 5 Minuten vorsichtig köcheln und eindicken lassen. Den Thunfisch abtropfen, in die Pfanne geben, mit dem Holzlöffel zerteilen und einige Minuten mitköcheln. Den Spargel ohne die Spitzen zugeben, den Orangensaft sowie die Orangenschale untermengen. Noch etwas einkochen lassen und mit Salz und Pfeffer abschmecken. In der Zwischenzeit die Mezze Penne »al dente« garen, abseihen und mit 1 Eßlöffel gehackter Petersilie in die Soße geben und gut vermengen. Wenn notwendig, noch etwas Kochwasser zugießen. In einer vorgewärmten Schüssel anrichten und mit den Spargelspitzen garnieren.

Mezze penne ai formaggi

Kurze Penne mit Käse

160 g Mezze Penne
2 EL Butter
70 ml Sahne
70 g Fontina
60 g Mascarpone
4 EL Parmesan
Muskatnuß
3 Salbeiblätter
Salz, weißer Pfeffer

In reichlich sprudelndem Salzwasser die Mezze Penne kochen. Das Backrohr auf 220 Grad vorheizen.
In der Zwischenzeit in einem Topf 1 Eßlöffel Butter und rund 70 ml Sahne erhitzen. Den zerbröckelten Fontina, den Mascarpone und 2 Eßlöffel frisch geriebenen Parmesan unter ständigem Rühren schmelzen lassen. Die kleingeschnittenen Salbeiblätter hinzufügen. Mit Salz, weißem Pfeffer aus der Mühle und frisch geriebener Muskatnuß abschmecken.
Die Nudeln bereits 1 Minute bevor sie »al dente« sind herausnehmen und gut abtropfen. Mit der Käsesauce vermengen.
In eine gebutterte, ofenfeste Terrine geben, mit dem restlichen Parmesan bestreuen und im vorgeheizten Ofen rund 10 Minuten goldbraun überbacken. Die Terrine herausnehmen und mit dem Servieren noch 1 bis 2 Minuten zuwarten.

Orecchiette con salsa d'olive nere

Ohrnudeln mit schwarzen Oliven

200 g Orecchiette
4 EL schwarze, entsteinte Oliven
1 Peperoncino
1 TL Thymian
1 EL Petersilie
1 Knoblauchzehe
1 TL von der Schale einer
Naturzitrone
1 EL Zitronensaft
2–3 EL kaltgepreßtes Olivenöl
1 EL Kapern in Salz
Salz, Pfeffer

Den Peperoncino vorsichtig entkernen und in Streifen schneiden. Die Oliven, den Knoblauch, den Thymian, die Petersilie, die Schale der ungespritzen Zitrone und den Zitronensaft im Mixer kurz pürieren. Dann 2 bis 3 Eßlöffel kaltgepreßtes Olivenöl einrühren, damit eine sämige Soße entsteht. Die gut gewässerten und abgetropften Kapern hinzufügen. Die Orecchiette in reichlich Salzwasser »al dente« kochen, abseihen und mit der Soße gut vermengen. Etwas Pfeffer aus der Mühle darübermahlen und servieren.

Pappardelle con asparagi verdi

Bandnudeln mit grünem Spargel

200 g Pappardelle
300 g grüner Spargel
2 EL Butter
1 Becher Crème fraîche
1 EL Zitronensaft
Schale von einer 1/2 Zitrone
Salz, weißer Pfeffer
frisch geriebener Parmesan

Den Spargel an den Enden schälen, in Stücke schneiden und in etwas Salzwasser rund 8 Minuten bißfest dämpfen. Abgießen, dabei etwas Spargelsud aufbewahren. Nun die Spargelstücke in 2 Eßlöffel Butter anschwitzen, vom Herd nehmen, die Crème fraîche zugeben und 1 Eßlöffel Zitronensaft sowie die abgeriebene Schale einer halben Zitrone einrühren. Sollte die Soße zu sämig sein, mit etwas Spargelsud strecken. Mit etwas Salz und frisch gemahlenem weißen Pfeffer würzen. Die Pappardelle in reichlich Salzwasser bißfest garen, in ein Sieb gießen und abtropfen. Zur Spargelsoße geben und gut vermengen. Noch etwas frisch geriebenen Parmesan hinzufügen und zu Tisch bringen.

Pappardelle con asparagi, porro e salsicce

Bandnudeln mit Spargel, Lauch und Schweinswurst

160 g Pappardelle
500 g grüner Spargel
1/2 Stück Lauch
200 g Salsicce (Schweinswurst)
1/4 l Gemüsebrühe
2 Nuß Butter
Salz

Den Spargel an den Enden schälen, in Stücke schneiden und in gut 1/4 Liter Gemüsebrühe weichdünsten. Den Spargel mit dem Schaumlöffel aus der Flüssigkeit nehmen, die Spargelspitzen zur Seite stellen und die Spargelstücke pürieren. Den Lauch nudelig schneiden und in 2 Nuß Butter andünsten. Die Salsicce von der Haut befreien, in Stücken zum Lauch geben und leicht anbraten. Nach einigen Minuten das Spargelpüree zugeben, mit der Spargelflüssigkeit angießen, salzen und noch rund 10 Minuten bei kleiner Hitze köcheln lassen. In der Zwischenzeit die Pappardelle in Salzwasser bißfest kochen, abseihen, mit den Spargelspitzen zur Spargelsoße geben und gut vermengen.

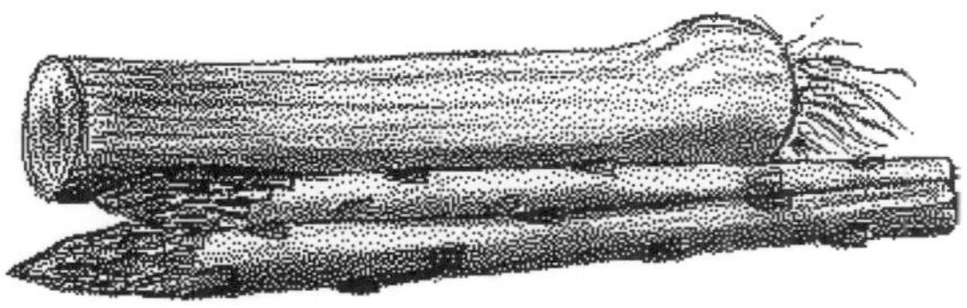

Pappardelle con funghi porcini

Bandnudeln mit Steinpilzen

210 g frische Pappardelle
200 g frische geputzte Steinpilze
2 Eßlöffel Ölivenöl
2 EL Butter
1 Zehe Knoblauch
1 Schalotte
1/16 l Eiswein oder trockenen Dessertwein
1 Becher Crème fraîche
Salz, schwarzer Pfeffer
1/2 EL gehackte Petersilie

Die Steinpilze putzen, trocken abreiben und in Scheiben schneiden. In einer Pfanne 2 Eßlöffel Olivenöl und 1 Eßlöffel Butter zergehen lassen und die Steinpilze darin gut anbraten. In der Zwischenzeit in einer anderen Pfanne die fein gehackte Schalotte und die ausgepreßte Knoblauchzehe in 1 Eßlöffel Butter bei mittlerer Hitze anschwitzen. Bevor die Flüssigkeit bei den Steinpilzen eingekocht ist, mit 1/16 Liter Eiswein löschen, die Zwiebel und den Knoblauch hinzufügen und noch kurz köcheln lassen. Die Crème fraîche einrühren und mit Salz sowie frisch gemahlenem schwarzen Pfeffer würzen. Nach 2 Minuten vom Feuer nehmen. Die inzwischen auf den Biß gegarten Pappardelle abtropfen, zu den Pilzen geben, kurz vermengen, mit der gehackten Petersilie bestreuen und sofort servieren.

Pappardelle con radicchio

Bandnudeln mit Radicchio

1 Kopf Radicchio
1 kleine weiße Zwiebel
2 Zehen Knoblauch
6–7 Wacholderbeeren
1 EL gehackte Petersilie
2 EL Olivenöl
Salz, Pfeffer
Rotwein
2 EL Apfelstücke
Parmesan

Den Knoblauch und die Zwiebel fein wiegen und in 2 Eßlöffel Olivenöl andünsten. Den nudelig geschnittenen Radicchio und die zerdrückten Wacholderbeeren beimengen, ein Schuß Rotwein darübergießen und einige Minuten dünsten. Zwischendurch die Apfelstücke einrühren. Mit Salz, Pfeffer und einem halben Eßlöffel gehackter Petersilie abschmecken. Die inzwischen in Salzwasser »al dente« gekochten Pappardelle abseihen, nicht zuviel abtropfen lassen und dem Radicchio beimengen. Wenn nötig, mit etwas aufgefangenem Kochwasser verdünnen. Auf die Teller geben. Den Tellerrand zur Dekoration mit der restlichen Petersilie bestreuen und servieren.

Pasta con le sarde

Pasta mit Sardinen

180 g Bucatini
1 Dose Sardinenfilets in Öl
1 Fenchel mit Grün
2 EL Olivenöl, kaltgepreßt
1 kleine Zwiebel
1 Briefchen Safran
1 EL Sultaninen
2 Sardellenfilets in Öl
1 TL Fenchelsamen
1 EL Pinienkerne
Salz, Pfeffer

Die Sultaninen wässern. Die Sardinen aus der Dose nehmen und abtropfen lassen. Den Fenchel putzen und das Grün zur Seite legen. In einem hohen Topf gut 3 Liter Wasser zum Kochen bringen, salzen und den Fenchel rund 7 Minuten köcheln. Den Fenchel herausnehmen, abtropfen und klein schneiden. Das Fenchelwasser aufbewahren. In einer Pfanne die kleingehackte Zwiebel in 2 Eßlöffel kaltgepreßtem Olivenöl und 4 bis 5 Eßlöffel Fenchelwasser andünsten. Die zerkleinerten Sardellenfilets, die Fenchelstücke, die Fenchelsamen, die Pinienkerne, den Safran und die abgetropften Sultaninen zugeben und einige Minuten köcheln lassen. Die Sardinen vorsichtig untermengen und weitere 8 Minuten köcheln. Wenn nötig, noch etwas mit Salz und Pfeffer abschmecken. Inzwischen die Bucatini im Fenchelwasser gar kochen, abseihen und dem Sugo vorsichtig untermengen. Das Ganze noch kurz ziehen lassen und mit dem Fenchelgrün bestreut servieren.

Penne con melanzane e capperi

Penne mit Auberginen und Kapern

180 g Penne
300 g Auberginen
2 EL Kapern in Salz
6 schwarze Oliven
1 Schalotte
1 Zehe Knoblauch
3 Tomaten
4 EL Olivenöl
einige Blätter Basilikum
1 Glas Rotwein
Salz, Pfeffer
4 EL Pecorino

Die Auberginen in Würfel schneiden und etwas salzen. Die Kapern gut wässern. Inzwischen die Oliven entsteinen und fein hacken. Die Schalotte und die Knoblauchzehe klein schneiden. Die Tomaten einritzen und rund 10 Sekunden in kochendes Wasser tauchen. Herausnehmen und kalt abschrecken. Die Schale und die Samen mit der Flüssigkeit entfernen. Das Fruchtfleisch in Würfel schneiden. Nun die Auberginenstücke mit einem Küchentuch abtrocknen und in einer Pfanne mit nicht zu heißem Olivenöl einige Minuten anbraten. Die Schalotte und den Knoblauch zugeben, nach 1 Minute die Tomatenstücke, sodann die Oliven und die abgetropften Kapern. Nach 2 Minuten mit dem Rotwein löschen und noch kurz köcheln lassen. Wenn nötig, noch mit Salz und frisch gemahlenem Pfeffer abschmecken. Einstweilen die Penne in Salzwasser garen, abseihen und mit der Soße gut vermischen. Das gehackte Basilikum untermengen und zu Tisch bringen. Frisch geriebenen Pecorino beigeben.

Pici al sugo di lepre

Hausgemachte dicke Spaghetti mit Hasensoße

160 g Mehl, 1 Ei
rund 1/8 l lauwarmes Wasser
3 EL Olivenöl, 1 Schalotte
1 Karotte, 1 Stange Staudensellerie
200 g Hasenfleisch
1 Scheibe Bauchspeck (ca. 60 g)
gut 1 TL Tomatenmark
gut 1/8 l Rotwein
rund 1/8 l Fleischbrühe
Muskatnuß, Salz, Pfeffer
3 Wacholderkörner, Thymian

Für die Pici aus Mehl, Ei, 1 Prise Salz, 1 Eßlöffel Olivenöl und Wasser einen elastischen, nicht zu festen Teig kneten. Mit Öl einpinseln, einer Folie bedecken und rund eine halbe Stunde im Kühlschrank ruhen lassen. Für die Soße Zwiebel, Karotte und Sellerie klein hacken, Fleisch und Speck in sehr kleine Würfel schneiden. In einer Pfanne Speck und Zwiebel in 2 Eßlöffel Olivenöl anbräunen. Sellerie und Karotten zugeben. Das Fleisch beigeben und gut anbraten. Tomatenmark einrühren und mit Muskatnuß, Salz, Pfeffer und 3 zerdrückten Wacholderbeeren würzen. Etwas Fleischbrühe und etwas Rotwein zugeben und bei kleiner Hitze rund 70 Minuten köcheln lassen. Wenn nötig, etwas Brühe und Rotwein nachgießen. Für die Pici Stücke vom Teig abschneiden und 2 mm dünn auswalken. Dann in 4 mm breite Streifen schneiden. Diese mit den Händen zu dickeren Spaghetti, den Pici, rollen. Sie sollen ca. 2 bis 3 mm dick sein. Die Nudeln auf das mit Gries bestreute Nudelbrett legen und etwas antrocknen lassen. Die Pici in kochendes Salzwasser geben. Sobald sie an die Oberfläche steigen, abtropfen und dem Sugo untermengen. Etwas Thymian darüber geben und servieren.

Reginette allo zafferano e zucchini

Bandnudeln mit Safran und Zucchini

200 g Reginette oder Tagliatelle
4 EL Olivenöl
1 Schalotte
250 g Zucchini (2 kleinere)
1 Säckchen Safran
$^1/_8$ l Sahne
$^1/_2$ Tasse Gemüsebrühe
1 EL gehackte Petersilie
1 TL Butter
Salz, Pfeffer
2 EL Pecorino

Die Zucchini waschen, die beiden Enden abschneiden und in rund 5 cm lange, etwas dickere Stifte schneiden. In einem Topf 4 Eßlöffel Olivenöl heiß werden lassen und die Zucchinistücke einige Minuten anbraten. Vom Herd nehmen, die Zucchini herausnehmen, 2 Eßlöffel Gemüsebrühe in die Pfanne geben, wieder heiß werden lassen und die fein gehackte Zwiebel andünsten. Die Zucchini wieder in den Topf geben, die restliche Gemüsebrühe angießen, den Safran vorsichtig einrühren und noch gute 5 Minuten köcheln lassen. Mit der Sahne und 1 Teelöffel Butter verfeinern, nach Belieben salzen und pfeffern und noch für 1 Minute aufwallen lassen. In der Zwischenzeit reichlich Wasser zum Kochen bringen, 2 Eßlöffel grobes Meersalz und die Reginette hineingeben. Die Nudeln »al dente« kochen, abseihen und in eine vorgewärmte Terrine geben. Noch 2 bis 3 Eßlöffel Kochwasser zugießen, den geriebenen Pecorino einstreuen und gut vermischen. Nun die Zucchinisoße untermengen, mit Petersilie bestreuen und sogleich servieren.

Rigatoni con zucchini e prosciutto

Rigatoni mit Zucchini und Schinken

200 g Rigatoni
2 EL Olivenöl
4 EL Gemüsebrühe
1 kleine Zwiebel
1 Zehe Knoblauch
200 g Zucchini
2 kleinere Tomaten
1/2 roter Paprika
80 g Prager Schinken im Stück
Salz
1 Nuß Butter
einige Blätter Salbei
schwarzer Pfeffer

Die Rigatoni in reichlich Salzwasser kochen. Die Tomaten für kurze Zeit in kochendes Wasser geben, wieder herausnehmen, schälen, von den Samen befreien und mit dem Paprika und dem Schinken in Würfelchen schneiden. Die Zucchini der Länge nach halbieren und in Scheibchen schneiden. Die Zwiebel und den Knoblauch fein hacken und mit dem Zucchini, den Tomaten, den Paprika und dem Schinken in einer Pfanne in 2 Eßlöffel Olivenöl und 4 Eßlöffel Gemüsebrühe bei schwacher Hitze dünsten. Die Zucchini sollten noch bißfest sein. Mit Salz abschmecken. Die nunmehr auf den Biß gegarten Rigatoni abtropfen und zur Soße geben. Gut vermengen. In einer weiteren Pfanne die Butter schmelzen, die Salbeiblätter zugeben und schwarzen Pfeffer darübermahlen. Sobald die Butter aufschäumt, über die Rigatoni geben und mit frisch geriebenem Parmesan sofort servieren.

Sedanini con carote

Sedanini mit Karotten

200 g Sedanini
3 mittlere Karotten
1/2 Zucchini
1 Zehe Knoblauch
3 EL Tomatenmark
1 Tasse Gemüsebrühe
2 Frühlingszwiebeln
Salz, Pfeffer
1 EL grob geschnittene Petersilie
1 TL Butter
Parmesan

Die Karotten und den Zucchini waschen, putzen, grob raffeln und mit 3 Eßlöffel Tomatenmark kurz anrösten. Mit Suppe aufgießen. Die kleingehackte Knoblauchzehe und 2/3 der grob gehackten Zwiebel hinzufügen, pfeffern und für 10 Minuten köcheln lassen. Am Ende der Garzeit die restlichen Zwiebeln und die grob geschnittene Petersilie untermengen. Nochmals mit Salz und Pfeffer abschmecken. 200 g Sedanini in reichlich Salzwasser kochen, abseihen, zur Soße geben und gut vermengen. Mit 1 Teelöffel Butter verfeinern. Frisch geriebenen Parmesan darüberstreuen und servieren.

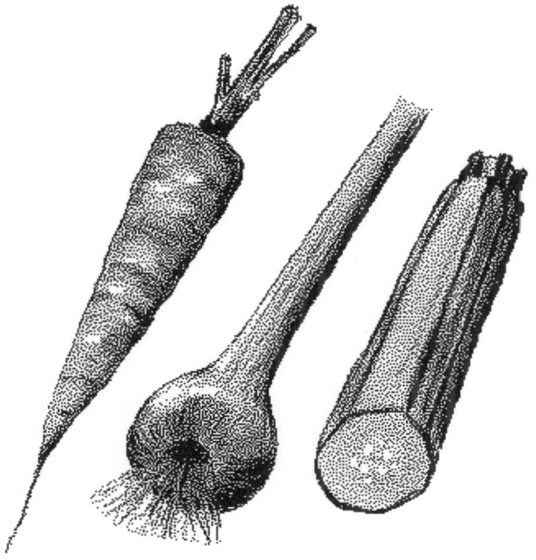

Spaghetti al ragù bolognese

Spaghetti Bolognese

2 Karotten
1 Stange Staudensellerie
2 Zehen Knoblauch
1 Zwiebel
300 Gramm Faschiertes
2 EL Olivenöl
1/8 l trockener Weißwein
1 Dose Pelati (Tomaten)
Kräutersalz, Pfeffer
Zitronenschale
200 g Spaghetti
2 EL Butter
Parmesan

Die Karotten, die Selleriestange, den Knoblauch und die Zwiebel in kleine Stücke schneiden. Zusammen mit 300 Gramm Faschiertem in 2 Eßlöffel Olivenöl anbraten. Immer wieder umrühren, bis das Fleisch weiß angelaufen ist. Mit 1/8 Liter trockenem Weißwein löschen. Dann eine Dose Pelati einrühren und mit Kräutersalz und gemahlenem Pfeffer würzen. Etwas frisch geriebene Zitronenschale hinzufügen. Eine gute 3/4 Stunde leicht köcheln, dabei öfters umrühren. In der Zwischenzeit die Spaghetti bißfest garen, abtropfen und auf vorgewärmte Teller geben. Den Sugo in die Mitte gießen, jeweils 1 Eßlöffel Butter draufsetzen, mit frisch geriebenem Parmesan bestreuen und sofort servieren.

Spaghetti carbonara e mortadella

Spaghetti mit Ei und Mortadella

200 g Spaghetti
70 g Mortadella
1 Eidotter
2 EL Butter
1 EL frisch gehackte Petersilie
1 Schuß Weißwein
4 EL Gemüsebrühe
Salz, Pfeffer
2 EL Parmesan

Reichlich Wasser für die Nudeln zum Kochen bringen. Salz einstreuen und wieder aufwallen lassen. Die Spaghetti hineingeben und unter öfterem Umrühren kochen. In der Zwischenzeit die Mortadella fein schneiden und in einer Pfanne kurz anbraten. Mit dem Weißwein löschen. Butter in einer weiteren Pfanne zum Schmelzen bringen. Sobald die Nudeln beinahe »al dente« sind, in einer gut vorgewärmten Terrine das Eidotter mit 4 Eßlöffel kochendheißer Gemüsebrühe verrühren. Die geschmolzene Butter, die Petersilie und 2 Eßlöffel frisch geriebenen Parmesan unterrühren. Die Mortadella beigeben und nach Belieben mit etwas Salz sowie frisch gemahlenem Pfeffer würzen. Die nunmehr bißfest gegarten Spaghetti abtropfen und in die Terrine geben. Schnell gut vermischen und sofort servieren.

Spaghetti con pollo e peperoni

Spaghetti mit Hühnerfleisch und Paprika

2 EL kaltgepreßtes Olivenöl
1 Schalotte
1 Zehe Knoblauch
1 kleiner roter Paprika
1 kleiner gelber Paprika
4–5 Kirschtomaten
2–3 EL Gemüsebrühe
2 EL Pflanzenöl
1 Hühnerschnitzel (ca. 100 g)
1–2 TL Currypulver
Salz, Pfeffer

Die Zwiebel und den Knoblauch fein hacken und in 2 Eßlöffel kaltgepreßtem Olivenöl anlaufen lassen. Die würfelig geschnittenen Paprika und die geviertelten Tomaten beimengen. 2 bis 3 Eßlöffel Gemüsebrühe dazugeben und das Ganze rund 5 Minuten dünsten. Inzwischen das Hühnerfleisch klein schneiden, salzen, pfeffern und in einer separaten Pfanne in Pflanzenöl scharf anbraten. Dem Gemüse beigeben und je nach Geschmack mit 1 bis 2 Teelöffel Currypulver würzen. Noch kurz in der heißen Pfanne schwenken.
In der Zwischenzeit Wasser zum Kochen bringen. 2 Eßlöffel Salz einstreuen und die Spaghetti einrühren. Bißfest kochen, abseihen und zum Fleisch geben. Gut vermengen, mit frisch geriebenem Parmesan bestreuen und sofort servieren.

Spaghetti con salsiccia e rosmarino

Spaghetti mit Schweinswurst und Rosmarin

200 g Spaghetti
1 Salsiccia (Schweinswurst)
1 Zehe Knoblauch
1/2 roter Paprika
gut 1 EL Rosmarinnadeln gehackt

Die Schweinswurst in kleine Stücke zerteilen und in etwas Olivenöl mit dem grob gehackten Knoblauch und dem Rosmarin anschmoren. Den in kleine Würfel geschnittenen Paprika zugeben und noch für 2 Minuten weiterdünsten.
Die Spaghetti in reichlich Salzwasser bißfest kochen, abseihen und in die Pfanne mit der Schweinswurst geben. Gut vermengen, kurz ziehen lassen und servieren.

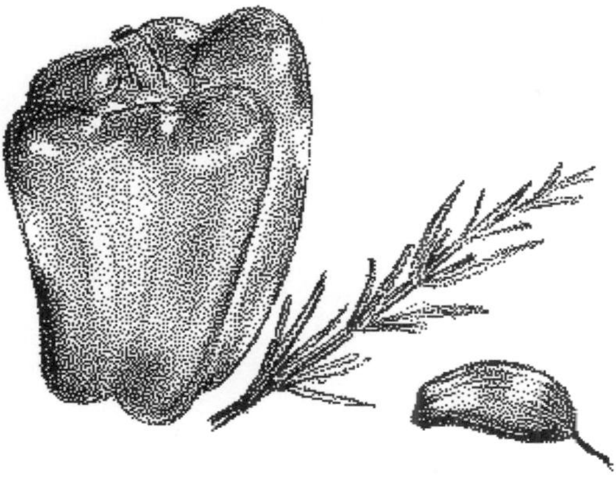

Spaghetti con zucca

Spaghetti mit Kürbis

200 g Spaghetti
1 grüner Paprika
1 Tomate
1 Knoblauchzehe
300 g Kürbis geputzt
gut $^1/_8$ l Gemüsebrühe
2 gehäufte EL Tomatenmark
Salz, Pfeffer
Parmesan

Die Tomaten kurz in kochendes Wasser legen, kalt abschrecken und häuten. Das Fruchtfleisch in kleine Würfel schneiden. Paprika in Streifen schneiden und mit dem kleingehackten Knoblauch anrösten. Die Tomatenstücke und den in Würfel geschnittenen Kürbis hinzugeben. Mit gut $^1/_8$ Liter Gemüsebrühe aufgießen und rund 10 Minuten kochen lassen. Die Kürbisstücke sollten dann noch bißfest sein. 2 gehäufte Eßlöffel Tomatenmark einrühren, mit frisch gemahlenem Pfeffer bestreuen und das Ganze noch 2 bis 3 Minuten köcheln lassen. Bei Bedarf mit etwas Salz nachwürzen. Die Spaghetti in Salzwasser »al dente« kochen, abseihen und mit dem Kürbisgemüse gut vermengen. Mit frisch geriebenem Parmesan servieren.

Spaghettini aglio, olio e peperoncino

Dünne Spaghetti in scharfem Knoblauchöl

200 g Spaghettini
Salz
2 Zehen Knoblauch
1 Bund Petersilie
1 Peperoncino
4 EL kaltgepreßtes Olivenöl
3 EL Gemüsebrühe

Das Wasser zum Kochen bringen, salzen, die Spaghetti einrühren und »al dente« kochen.
In der Zwischenzeit den Knoblauch schälen und klein hacken. Den Peperoncino entkernen und in Streifchen schneiden. Vorsicht, die Kerne sind äußerst scharf! Die Petersilie waschen, trocknen und fein schneiden. In einer Pfanne 4 Eßlöffel kaltgepreßtes Olivenöl, 3 Eßlöffel heiße Gemüsebrühe, den Knoblauch, den Peperoncino und die Petersilie bei mäßiger Hitze erwärmen und ziehen lassen.
Die Nudeln abtropfen, zum Knoblauchöl geben, gut vermengen und sofort servieren.

Spaghettini con pecorino e pepe

Dünne Spaghetti mit Pecorino und Pfeffer

200 g Spaghettini
3 EL frisch geriebener Pecorino
2 EL Butter
Salz, bunter Pfeffer

Reichlich Wasser zum Kochen bringen. 2 Eßlöffel grobes Meersalz zugeben, nochmals aufwallen lassen, die Nudeln langsam einfügen und bißfest garen. Die Spaghettini abseihen und abtropfen lassen. Dabei etwas vom Kochwasser aufbewahren. Die Nudeln in eine vorgewärmte Schüssel geben. Mit reichlich frisch gemahlenem bunten Pfeffer bestreuen und mit der Butter sowie dem frisch geriebenen Pecorino gut vermengen. Dabei, wenn nötig, noch etwas Kochwasser zugeben. Nochmals mit etwas buntem Pfeffer aus der Mühle bestreuen und servieren.

Spaghettini con peperoni e ricotta

Dünne Spaghetti mit Paprika und Ricotta

180 g Spaghettini
1 roter Paprika
1 Schalotte
70 g Ricotta
3 EL Olivenöl
Salz, Pfeffer
1 EL gehackte Petersilie

Den Paprika waschen, den Stengelansatz und die Kerne entfernen, das Fruchtfleisch in Würfel schneiden. Die Schalotte fein hacken und in einer Pfanne in 3 Eßlöffel Olivenöl anschwitzen. Die Paprikastücke dazugeben, etwas salzen und bei kleiner Hitze rund 15 Minuten vorsichtig anbraten. Dabei öfters umrühren. Zum Schluß noch 2 bis 3 Eßlöffel Kochwasser einrühren. Das Gemisch in eine vorgewärmte Terrine geben, die Ricotta und die frisch gehackte Petersilie unterrühren. Die inzwischen in reichlich Salzwasser »al dente« gekochten Spaghettini abseihen und in die Terrine geben. Mit dem Sugo vermengen und sofort servieren.

Spaghettini con trota affumicata

Dünne Spaghetti mit geräucherter Forelle

200 g Spaghettini
2 Forellenfilets, geräuchert
2 EL Olivenöl
1 kleine Schalotte
$^1/_{16}$ l Pfirsich-Grappa oder Calvados
$^1/_2$ Tasse Gemüsebrühe
1 EL gehackte Petersilie
Salz

Gut 2 Liter Wasser für die Spaghettini überstellen. Sobald das Wasser anfängt zu kochen, 2 Eßlöffel grobes Meersalz zugeben. Die Spaghettini einrühren und »al dente« kochen. Inzwischen die Fischfilets von der Haut befreien, zerkleinern und dabei noch allfällige Gräten entfernen. Die Schalotte fein schneiden und in 2 Eßlöffel Olivenöl leicht anbräunen. Die Fischstücke zugeben und noch rund 2 Minuten unter ständigem vorsichtigen Rühren bei nicht zu großer Hitze anbraten. Mit dem Pfirsich-Grappa beträufeln und noch kurz einwirken lassen. Die Gemüsebrühe zugeben und bei geringer Hitze noch einige Minuten köcheln lassen. Die abgetropften Spaghettini und die Hälfte der gehackten Petersilie untermengen. Auf zwei Teller geben, mit dem Rest der Petersilie bestreuen und sofort servieren.

Tagliatelle al limone

Bandnudeln mit Zitrone

200 g Tagliatelle
1 Schalotte
1 Zehe Knoblauch
Salz
2 EL Butter
abgeriebene Schale von 1 Zitrone
oder Limette
ca. 120 g Crème fraîche (1 Becher)
1 EL Olivenöl »extravergine«
1 Bund Zitronenmelisse
3 EL frisch geriebener Parmesan

Reichlich Salzwasser zum Kochen bringen, die Tagliatelle hineingeben und »al dente« garen.
Die Schalotte und den Knoblauch fein hacken und in 2 Eßlöffel Butter sanft andünsten. Die gerissene Zitronenschale hinzufügen, die Crème fraîche einrühren und noch 1 Eßlöffel kaltgepreßtes Olivenöl zugeben. Die gesäuberten und feinnudelig geschnittenen Blätter der Zitronenmelisse untermengen und kurz aufköcheln lassen. Bei Bedarf noch etwas mit Salz nachwürzen.
Die Nudeln abtropfen und mit der Soße vermengen. Mit Parmesan bestreuen und mit einigen Blättern Zitronenmelisse dekoriert servieren.

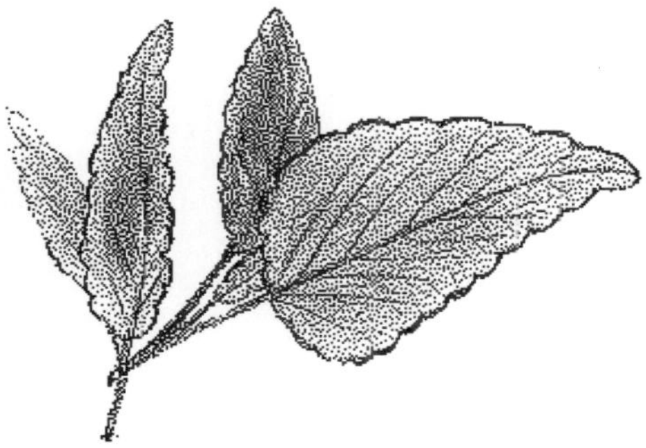

Tagliatelle all'olio profumato

Bandnudeln in Kräuteröl

200 g frische Tagliatelle (siehe Seite 14)
1 Bund Basilikum
1 TL gehackter Zitronenthymian
3–4 Blätter Pfefferminze
1 Blatt Salbei
2 EL Gemüsebrühe
5 EL kaltgepreßtes Olivenöl
Salz, Pfeffer
Parmesan

Die Kräuter nicht waschen, sondern wenn nötig von Hand säubern, damit sie ihr feines Aroma nicht verlieren. Sodann fein hacken. 5 Eßlöffel Olivenöl »extravergine« mit 2 Eßlöffel Gemüsebrühe verlängern, nicht zu stark erhitzen und die Kräuter dazugeben. Dadurch wird das Öl aromatisiert. Die Tagliatelle in Salzwasser auf den Biß garen, abseihen, in eine vorgewärmte Schüssel geben. Noch etwas Pfeffer darübermahlen, das Kräuteröl gut untermengen und sofort servieren. Etwas frisch geriebenen Parmesan dazureichen.

Tagliatelle alla trevisana

Bandnudeln mit Radicchio von Treviso

2 EL Butter
50 g Fettspeck oder Surspeck
1 kleine weiße Zwiebel
250 g Radicchio von Treviso
2 EL Tomatenmark
2 Tomaten
Essig
Petersilie
Salz, Pfeffer
200 g Tagliatelle

Den kleingeschnittenen Speck in der heißen Butter anlaufen lassen, die in kleine Stücke geschnittene Zwiebel hinzufügen und rund 2 Minuten andünsten. Den nudelig geschnittenen Radicchio von Treviso zugeben und das Gemüse dünsten. Sollte zu wenig Flüssigkeit sein, etwas von dem kochenden Nudelwasser beimengen. Nach rund 5 bis 6 Minuten 2 Eßlöffel Tomatenmark einrühren, die gewürfelten Tomaten untermengen und kurz bei kleiner Hitze weiterköcheln lassen. Mit einem Spritzer Essig löschen. Salzen, pfeffern und die kleingehackte Petersilie beigeben. Die inzwischen in Salzwasser gekochten Tagliatelle gut abtropfen lassen und dem Radicchio beimengen. Wenn nötig, noch etwas von dem aufgefangenen Kochwasser unterrühren. Auf die Teller geben, mit etwas frisch geriebenem Parmesan bestreuen und servieren.

Tagliatelle con pesto erbe aromatiche

Eierbandnudeln mit Kräuter-Pesto

1 Zehe Knoblauch
2 EL Pinienkerne
1 Bund Basilikum
1 Bund Rucola
1 kleinerer Radicchio von Treviso
etwas frischen Majoran
grobes Meersalz
kaltgepreßtes Olivenöl
2 EL frisch geriebener Parmesan
200 g Eier-Tagliatelle

Den Radicchio von Treviso waschen und nudelig schneiden. Den Knoblauch, die Pinienkerne, das Basilikum, die Rucola, den Majoran und den Radicchio von Treviso mit etwas grobem Meersalz nach und nach im Mörser gut zerreiben. 4 bis 5 Eßlöffel kaltgepreßtes Olivenöl und den frisch geriebenen Parmesan unterrühren, bis eine cremige Masse entsteht. Noch kurz mit Salz abschmecken. Natürlich kann dies alles auch mit dem Pürierstab oder mit dem Mixer gemacht werden. Inzwischen die Tagliatelle in reichlich Salzwasser bißfest garen. Etwas Kochwasser in einer Tasse zur Seite stellen. Die Nudeln abseihen und in eine vorgewärmte Terrine geben. 3 bis 4 Eßlöffel Pesto mit etwas Nudelwasser und einem Spritzer Olivenöl vorsichtig untermengen und sofort servieren. Wer will, kann noch etwas Parmesan dazureichen.

Tagliatelle con sedano e pomodori

Bandnudeln mit Staudensellerie und Tomaten

Olivenöl
2 Frühlingszwiebeln mit Kraut
200 g Staudensellerie
7–8 Baumtomaten
2 Zehen Knoblauch
Basilikumblätter
200 g Tagliatelle
Salz, Pfeffer
Parmesan

Den Staudensellerie putzen und in Scheibchen schneiden. Die Tomaten einritzen, kurz in kochendes Wasser legen. Herausnehmen, schälen und grob hacken. Die Zwiebel grob, das Zwiebelkraut und den Knoblauch fein schneiden. Den Staudensellerie und den Knoblauch in Olivenöl anschwitzen. Die Zwiebel und die Tomaten zugeben, salzen und pfeffern. Das Ganze 7 bis 8 Minuten sanft köcheln lassen.
Die Tagliatelle in kochendem Salzwasser »al dente« garen, in einem Sieb abtropfen und mit der Soße vermengen. Einige kleingehackte Basilikumblätter dazugeben. Kurz einziehen lassen, mit Parmesan bestreuen und servieren.

Tagliatelle con spinaci

Bandnudeln mit Spinat

200 g Tagliatelle
500 g Spinat
1 EL Butter
1 kleine Zwiebel
1 Zehe Knoblauch
Majoran, Muskatnuß
Salz, Pfeffer
knapp 1/4 l Sahne
1 EL geriebener Pecorino

Den Spinat waschen und in einem Topf mit ganz wenig Wasser zusammenfallen lassen. Abtropfen, die Flüssigkeit ausdrücken und den Spinat grob hacken. Die Zwiebel mit dem Knoblauch in kleine Stücke schneiden und in etwas Butter anschwitzen, den Spinat zugeben, mit Salz, Pfeffer aus der Mühle, frisch geriebener Muskatnuß und Majoran würzen und kurz anschmoren lassen. Die Sahne untermengen und nur mehr kurz dünsten. Tagliatelle in sprudelndem Salzwasser bißfest garen, abseihen und auf die Teller geben. Das Spinatgemisch darübergeben, bei Bedarf etwas frisch geriebenen Pecorino darauf streuen.

Tajarin al tartufo nero

Feine Eierbandnudeln mit schwarzen Trüffeln

220 g Mehl
2 Eier
2 Dotter
Salz
ca. 4 EL Olivenöl
lauwarmes Wasser
schwarze Trüffel
2 EL Butter

Aus dem Mehl, den Eiern, den Dottern, dem Salz, dem Olivenöl und – wenn nötig – etwas lauwarmem Wasser einen elastischen Nudelteig herstellen. Eine halbe Stunde zugedeckt rasten lassen.
Den Teig dünn ausrollen, etwas bemehlen und kurz antrocknen lassen, bis er sich ledrig anfühlt. Die Teigplatten vorsichtig einrollen und in feine, 1 bis 2 mm breite Streifen schneiden. Auf einem Küchentuch noch etwas antrocknen lassen.
Den Trüffel bürsten, fein hobeln und in 2 Eßlöffel Butter wärmen. Reichlich Salzwasser aufkochen lassen, die Nudeln hineingeben und 1 bis 2 Minuten ziehen lassen. Abtropfen, in eine gut vorgewärmte Schüssel geben und die Trüffelbutter vorsichtig untermengen. Sofort servieren.

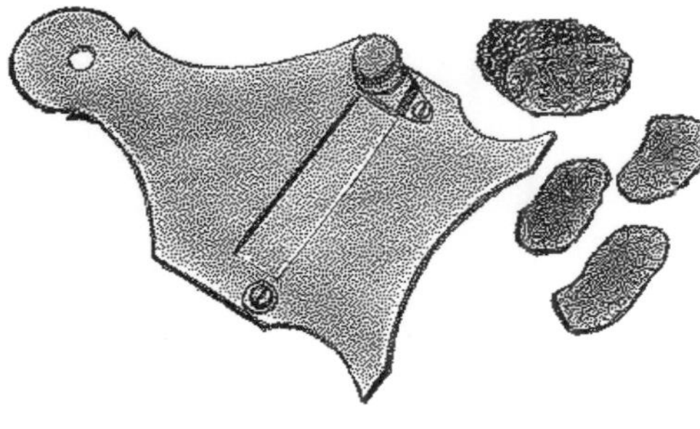

Trenette con cipolla rossa

Trenette mit roter Zwiebel

200 g Trenette
1 EL Sultaninen
1 große rote Zwiebel
2 EL Olivenöl
1 EL Pinienkerne
1 EL Tomatenmark
2 EL Rotweinessig
Salz, Pfeffer
1 EL Petersilie

Die Sultaninen kurz wässern. Die Zwiebel halbieren, in dünne Scheiben schneiden und in 2 Eßlöffel Olivenöl mit den Sultaninen und den Pinienkernen kurz andünsten. 1 Eßlöffel Tomatenmark und 2 Eßlöffel Rotweinessig unterrühren und einige Minuten bei nicht zu großer Hitze zu sirupartiger Konsistenz einkochen. Inzwischen die Trenette in Salzwasser bißfest garen, gut abtropfen und mit der Zwiebelsoße vermischen. Schwarzen Pfeffer darübermahlen, mit der gehackten Petersilie bestreuen und servieren.

Trenette piccanti

Trenette mit pikanter Soße

80 g Pomodori secchi
(getrocknete Tomaten)
4 Sardellenfilets in Öl
1 Schalotte
2 EL Oregano
1 EL Kapern
2 Zehen Knoblauch
5 entsteinte, schwarze Oliven
1 Peperoncino, entkernt
4 EL Olivenöl, kaltgepreßt
1 EL Zitronensaft
Salz, schwarzer Pfeffer
1 EL Petersilie
200 g Trenette
1 EL Parmesan

Die getrockneten Tomaten eine halbe Stunde in warmem Wasser einweichen, ausdrücken. Die Sardellen trocken tupfen und noch eventuelle Gräte entfernen.
In einer Küchenmaschine alle Zutaten pürieren. Das kaltgepreßte Olivenöl einrühren, bis eine sämige Masse entsteht. Dieses Pesto in einer Pfanne bei geringer Hitze noch einige Minuten köcheln. Falls es zu dick wird, etwas kochendes Nudelwasser hinzufügen. Mit frisch gemahlenem schwarzen Pfeffer und – wenn nötig – mit etwas Salz würzen.
Einstweilen die Trenette in reichlich Salzwasser bißfest garen, abgießen und mit der Soße gut vermischen. 1 Eßlöffel frisch geriebenen Parmesan unterrühren, mit grob geschnittener Petersilie bestreuen und servieren.

Vermicelli con peperoni e pomodori

Dicke Spaghetti mit Paprika und Tomaten

Je 1 roter und gelber Paprika
1 Zehe Knoblauch
3 EL Olivenöl
1 Dose geschälte Tomaten in Stücken
Salz, Pfeffer
4 grüne, entsteinte Oliven
190 g Vermicelli
2 EL frisch geriebener Pecorino

Die Paprika unter dem Grill bräunen bis die Haut Blasen wirft, schälen, entkernen und in ca. 2x1 cm große Stücke schneiden. Die Knoblauchzehe fein hacken und mit den Paprikastücken in 3 Eßlöffel Olivenöl 1 bis 2 Minuten scharf anbraten. Den Paprika aus der Pfanne auf einen Teller geben und inzwischen zur Seite stellen. Die geschälten Tomaten sowie die in Scheibchen geschnittenen Oliven in die Pfanne geben, salzen und rund 5 bis 6 Minuten bei größerer Hitze einkochen. Die Paprikastücke wieder zugeben, eventuell nochmals mit Salz und Pfeffer würzen. Die Vermicelli in reichlich Salzwasser »al dente« kochen, abseihen und mit der Soße vermengen. Servieren und eventuell frisch geriebenen Pecorino dazureichen.

Ziti alla Norma

Röhrennudeln nach Art der Norma

200 g Ziti
1 Aubergine
1 Schalotte
2 Zehen Knoblauch
4 EL Olivenöl
10 Kirschtomaten
Basilikum
Salz, Pfeffer
Pecorino

Die Aubergine in kleine Würfel schneiden und etwas salzen. Rund 15 Minuten einwirken lassen und dann mit einem Küchentuch abtrocknen. In einer Pfanne 1 kleingehackte Knoblauchzehe mit der feingeschnittenen Schalotte in 2 Eßlöffel Olivenöl andünsten. Die Tomaten vierteln, zum Knoblauch geben und rund 10 Minuten köcheln lassen. In einer anderen Pfanne die restlichen 2 Eßlöffel Olivenöl heiß werden lassen und die zweite zerdrückte Knoblauchzehe kurz andünsten. Die Auberginenstücke zum Knoblauch geben und gut anbraten. Nun die Auberginen zu den Tomaten geben, gut vermengen und mit Salz und Pfeffer abschmecken. In der Zwischenzeit die Ziti in reichlich Salzwasser bißfest kochen, abtropfen und zum Sugo geben. Das klein geschnittene Basilikum untermengen, mit frisch geriebenem Pecorino bestreuen und servieren.

Sachregister der im Buch hauptsächlich verwendeten Zutaten

Danksagung

Mein Dank gilt meinen Kindern, meinem Bruder und meinen Freunden, die ebenso wie ich auf der Suche nach neuen Rezepten sind. Den Grundstock jedoch legten all die Köchinnen und Köche in den italienischen Restaurants und Trattorien. Sie haben mich durch ihre kulinarischen Werke inspiriert und durch wertvolle Tips zum Gelingen dieses Werkes beigetragen. Mein besonderer Dank gilt meiner Frau Monika, die als »Testperson« neue Gerichte verkostet und mich ermuntert und motiviert, mich aber auch mit der Durchsicht der Korrekturen bei meiner Arbeit unterstützt.